CATALOGUE ROUSSEAU

GRAVURES

ET

LIVRES

~~~~~~~~~

<table>
<tr><td>Mᵉ PILLET
COMMISSAIRE-PRISEUR
Rue Grange-Batelière, 10</td><td>M. CLÉMENT
Marchand d'estampes de la Bibliothèque
impériale, 3, rue des Saints-Pères.
EXPERT</td></tr>
</table>

AVRIL 1868
~~~~~~~~~

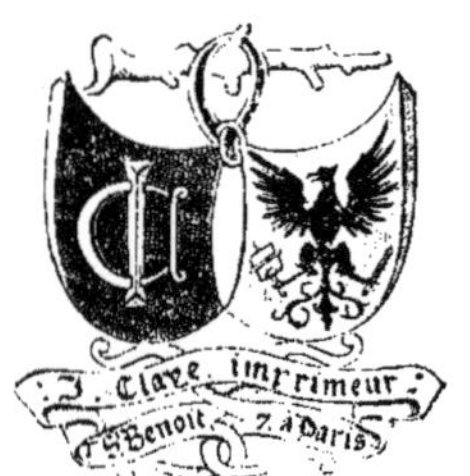

Clave imprimeur
Ph. Benoit Z à Paris

CATALOGUE

DE GRAVURES

ANCIENNES

LIVRES A FIGURES

ET DE LITTÉRATURE

PROVENANT DE LA COLLECTION DE FEU

M. THÉODORE ROUSSEAU

Dont la vente aux enchères publiques aura lieu

HOTEL DROUOT

Salle n° 5

VENDREDI 1ᵉʳ MAI 1868, A 2 HEURES-PRECISES

Mᵉ PILLET, COMMISSAIRE-PRISEUR

Rue Grange-Batelière, 10

ASSISTÉ DE M. CLEMENT, MARCHAND D'ESTAMPES
DE LA BIBLIOTHÈQUE IMPÉRIALE

Rue des Saints-Pères, 3

EXPOSITION PUBLIQUE

Le jeudi 30 avril 1868, de 1 à 5 heures

AVRIL 1868

CONDITIONS DE LA VENTE

Elle sera faite au comptant.

Les acquéreurs payeront 5 p. 100 en sus des enchères, applicables aux frais.

GRAVURES

GRAVURES

DUJARDIN (Karel).

1. — La Brebis & son Agnelet (B. 42).
   Très-belle épreuve avant le numéro.

DURER (Albert).

2. — Adam & Ève (B. 1).
   Très-belle épreuve tirée sur papier à la tête de bœuf.

3. — Saint Eustache ou Saint Hubert (B. 57).
   Belle épreuve mal conservée.

4. — Saint Jérôme en pénitence (B. 61).
   Très-belle épreuve manquant de conservation.

5. — La Famille du Satyre (B. 69).
   Magnifique épreuve. (Collection du comte H. de Vienne.)

DURER (Albert).

6. — L'Enlèvement d'Amymone (B. 7i).
Belle épreuve.

7. — La Dame à cheval (B. 82).
Très-belle épreuve, rare de cette qualité. (Collection du comte H. de Vienne.)

8. — Les Armoiries à la tête de mort (B. 101).
Épreuve de la plus grande beauté. (Collection du comte H. de Vienne.)

9. — Trois Évêques debout (B. 118).
Gravure sur bois, très-belle épreuve. (Collection du comte H. de Vienne.)

GELÉE (Claude dit le Lorrain).

10. — La Danse au bord de l'eau (R. D. 6).
Superbe épreuve avec les bords raboteux.

11. — La Danse sous les arbres (R. D. 10).
Superbe épreuve.

12. — Scène de brigands (R. D. 12).
Très-belle épreuve du troisième état.

GELÉE (Claude dit le Lorrain).

13. — Le Soleil couchant (R. D. 15).

Magnifique épreuve du troisième état, avant le millésime 1634.

14. — Le Campo Vaccino (R. D. 23).

Magnifique épreuve du deuxième état avant que l'inscription : CLAUDIUS *c. in & f. Romæ*, 1639, gravée à l'eau-forte dans le bas de la marge à droite, ait été effacée, avant le monogramme du maître au coin à gauche. De la plus grande rareté.

R. Dumesnil indique le premier état comme unique.

15. — Son Œuvre en 32 pièces. 1 vol. in-4°, oblong.

Anciennes épreuves qu'il est très-rare de trouver réunies.

LEYDE (Lucas de).

16. — Les Deux Vieillards apercevant Suzanne dans le bain (B. 33).

Superbe épreuve.

17. — La Sainte Famille (B. 85).

Superbe épreuve d'une pièce rare. (Collection du comte H. de Vienne.)

LEYDE (Lucas de)

18. — Repos en Égypte (B. 38).

Superbe épreuve très-rare. (Collection du comte H. de Vienne.)

19. — Saint.George (B. 121).

Superbe épreuve. (Collection du comte H. de Vienne.)

20. — Les Pèlerins (B. 149).

Superbe épreuve. (Collection du comte H. de Vienne.)

21. — La Laitière (B. 158).

Superbe épreuve, rare.

22. — La même estampe.

Belle épreuve.

MERYON (Ch.).

22 *bis*. — La Morgue, la Pompe Notre-Dame, &c.

Quatre pièces gravées à l'eau-forte.

MILLET (J.-F.)

23. — Les Bêcheurs.

Premier état avant le ciel; LES GLANEUSES, JEUNE MÈRE DONNANT A MANGER A SON ENFANT.

Trois pièces gravées à l'eau-forte, rares.

OSTADE (Adrien Van)

24. — Les Pêcheurs (B. 26).

Superbe épreuve du deuxième état, avec la bordure légère.

25. — Le Rémouleur (B. 36).

Superbe épreuve du premier état, avec la bordure fine & avant des travaux à la pointe sèche sous le bras du rémouleur.

26. — Le Paysan payant son écot (B. 42).

Superbe épreuve avant beaucoup de travaux.

RAIMONDI (Marc-Antoine)

27. — Deux Faunes portant un enfant dans un panier, d'après un bas-relief antique (B. 230).

Superbe épreuve. (Collection du comte H. de Vienne.)

*

REMBRANDT (Van Rhyn)

28. — Portrait de Rembrandt dessinant (B. 22). Cl. 22. C. B. 235.

Magnifique épreuve avant le paysage, avec la main droite & la manchette de la gauche en blanc. Extrêmement rare. (Collection du comte H. de Vienne.)

29. — L'Annonciation aux bergers (B. 44). Cl. 48. C. B. 19.

Magnifique épreuve très-rare à rencontrer de cette beauté. (Collection Van den Zende.)

30. — Jésus-Christ guérissant les malades, dite la Pièce de cent florins (B. 74). Cl. 78. C. B. 49.

Magnifique épreuve du premier état de Bartsch, d'un ton velouté, d'une fraîcheur remarquable & avec une petite marge. Très-rare à rencontrer de cette qualité. (Collection du comte H. de Vienne.)

31. — Le Paysage aux trois arbres (B. 212). Cl. 209. C. B. 315.

Magnifique épreuve. Extrêmement rare à rencontrer d'une aussi parfaite condition. (Collection du comte H. de Vienne.)

REMBRANDT (Van Rhyn)

32. — Portrait de Faustus (B. 270). Cl. 268.
C. B. 84.

> Superbe épreuve avant le travail à la pointe sèche.
> notamment sur l'épaule droite du personnage. (Collec-
> tion du comte H. de Vienne.)

ROUSSEAU (Théodore)

32 bis. — Le Chène de Roche gravé à l'eau-forte.
> Premier état imprimé sur papier japonais.

33. — La même estampe, imprimée sur vieux
papier.

ROUSSEAU (Th. d'après)

34. Un lot de Gravures & Lithographies, par
Jacque, Marvy, Français, Anastasi,
Laurens.

RUYSDAEL (Jacques)

35. — Le Petit Pont (B. 1,.
> Très-belle épreuve. (Collection Arozarena.)

RUYSDAEL (Jacques)

35 *bis*. — Le Champ bordé d'arbres (B. 5).

Très-belle épreuve, avec une grande marge.

36. — Le Bouquet des trois chènes (B. 6).

Très-belle épreuve, rare.

VELDE (Adrien Van)

37. — La Vache & les deux Moutons au pied d'un arbre (B. 11). — Le Bœuf pie & les trois Moutons (B. 12). — Les Deux Vaches au pied d'un arbre (B. 13). — La Brebis (B. 14). — Les Deux Moutons (B. 15).

Cinq pièces, très-belles épreuves.

VERNET (Carle d'après)

37 *bis*. — La Toilette d'un clerc de procureur. — Le Jour de barbe d'un charbonnier.

Deux pièces gravées par Debucourt, imprimées en couleur.

38. — La Marchande de cerises. — La Marchande de poissons.

Deux pièces gravées par Debucourt, imprimées en couleur.

VERNET (Carle d'après)

39. — Route du Marché.

Pièce imprimée en couleur, gravée par Debucourt.

VERNET, VINCENT & BOILLY
(d'après)

40. — Les Incroyables. – Parlez au portier. — Ah! s'il y voyait!

Trois pièces imprimées en couleur.

41. — L'Ascension de N.-S. Jésus-Christ.

Collection de douze lithographies d'après le tableau du Pérugin au musée de Lyon. Paris, 1855, gr. in-fol.

42. — Sous ce numéro seront vendues un grand nombre de gravures dites d'artistes, lithographies par Bonington; caricatures par H. Daumier, & photographies.

LIVRES

LIVRES A FIGURES

ET DE LITTÉRATURE

43. — *Histoire du Vieux & du Nouveau Testament,* enrichie de plus de 400 figures. Amsterdam, P. Martin 1700. 2 vol. in-fol.. veau.

44. — *Les Recherches de la France,* de E. PASQUIER. Paris, P. Menard. 1743. 1 vol. in-fol., veau.

45. — *Histoire d'Angleterre, d'Écosse & d'Irlande,* par de LARREY. Rotterdam, H. Leers, 1797. 2 vol. in-fol., veau, aux armes. Portraits.

46. — *Description des bains de Titus,* à laquelle on a ajouté les arabesques antiques des bains de Livie & de la villa Adrienne avec les plafonds de la villa Madame. Paris, 1786, 1 vol. in-fol., d.-rel., veau, fig.

47. — *Les Antiquités d'Herculanum,* avec leurs explications en français. Paris, 1780. 11 vol. in-4°. veau.

48. — *Recueil d'antiquités Égyptiennes, Étrusques,
Grecques, Romaines & Gauloises.* Paris, 1761.
8 vol. in-4°, veau, fig.

49. — *Admiranda Romanarum Antiquitatum Ac
Veteris Sculpturæ Vestigia &c.* Rome, 1693.
1 vol. in-fol. oblong cartonné.

50. — *De Tempel der Zang Godinen.* Amsterdam,
Z. Chatelain, 1733. 1 vol. in-fol., veau.

51. — *Recueil d'estampes,* d'après les tableaux des
peintres les plus célèbres d'Italie, des Pays-
Bas & de France, qui composaient le cabi-
net Boyer d'Aguilles. Paris, Basan. 1 vol.
in-fol., d.-rel., veau.

51 bis. — *Loges de Raphaël au Vatican.* Recueil
de 17 pièces gravées par OTTAVIANI. 1 vol.
in-fol. cartonné.

52. — *Chronique de Nuremberg.* Amsterdam, 1493.
1 vol. in-fol., grand nombre de gravures
sur bois, vélin.

53. — LASINIO, *Le Campo Santo,* à Pise, 42 planches. 1 vol. grand in-fol. cartonné.

54. — *Liber veritatis,* or collection of two hun-
dred prints, after the original designs of
Cl. LORRAIN. London, Boydell, 1779. 2 vol.
in-fol., veau.

(Incomplet de quelques planches).

55. — *Le même ouvrage.* London, 1819. 3 vol. in-fol. cartonné.

55 *bis*. — *Monographie de l'œuvre de Bernard Palissy*, suivie d'un choix de ses continuateurs ou imitateurs. Dessinée par MM. CARLE DELANGE & C. BORNEMAN; texte par MM. SAUZAY & H. DELANGE. Paris, chez l'auteur, 1862. 1 vol. in-fol., demi-reliure, maroquin vert.

56. — Livre d'heures du XVe siècle, figures imprimées en couleur. Paris, Engelmann.

57. — *Les Saints Évangiles*, figures imprimées en couleur. Paris, Curmer; en livraisons.

57 *bis*. — *Portefeuille archéologique de la Champagne*, par A. GAUSSEN. Bar-sur-Aube, 1861. 1 vol. grand in-4°, d.-rel., mar. vert., fig. en couleur.

58. — SAINT-NON, *Voyage pittoresque de Naples & de Sicile.* Paris, 1781. 5 vol in-fol., d.-rel.

59. — WILLEMIN *Monuments français inédits pour servir à l'histoire des arts, des costumes &c.* Paris, Melle Willemin, 1839. 2 vol. in-fol., d.-rel.

60. — *Le Moyen Age & la Renaissance,* histoire & description des mœurs & usages du commerce & de l'industrie, des arts, des sciences, de la littérature & des beaux-arts en Europe, publiée sous la direction de P. LACROIX. Paris. 1848-51. 5 vol. gr. in-4°, fig., d.-rel., mar. rouge, coins.

61. — *Histoire des Arts industriels au moyen âge & à l'époque de la renaissance,* par J. LABARTE. Paris, Morel & Cie, 1864. 5 vol., d.-rel., mar. rouge, coins.

62. — *Les Arts somptuaires.* Paris, 1858. 2 vol. in-4°, planches; 1 vol. in-8°, texte, d.-rel., mar. rouge, coins.

62 bis. — *L'Œuvre de Rembrandt reproduit par la photographie, décrit & commenté,* par M. CH. BLANC. Paris, 1853, en livraisons.

63. — *Agli amatori delle belle arti e delle antichita* du palais Bernini, avec fig. de M. Carloni. Rome, gr. in-fol., oblong, cart.

64. — *Dresses and Decorations of the Middle Ages,* by H. Sham. London, H. Bohn, 1858, 2 vol. in-8°, cart.

65. — *Recueil des monuments les plus intéressants du Musée Royal-Bourbon,* par R. GORGIULO. Naples, 1845. 2 vol. in-4°, cart.

66. — *Contes & Nouvelles en vers,* par M. DE LA FONTAINE, édition exécutée aux frais des fermiers généraux ; avec une notice par D. DIDEROT. Amsterdam, 1762. 2 vol. in-8°, fig. d'Eisen, mar. rouge, aux armes, ancienne reliure.

67. — *Contes & Nouvelles en vers,* par JEAN DE LA FONTAINE. Paris, 1777. 2 vol. in-4°, veau, fig.

68. — *Les Fables de La Fontaine.* Paris, 1768. 6 vol. in-8°, d.-rel., mar. rouge, fig. de Fessard.

69. — *Lettres du comte de Comminges à sa mère.* Paris, 1764. 1 vol. in-8°, mar. rouge, fig.

70. — *(Euvres poissardes de Vadé, suivies de celles de l'Écluse.* Paris, 1796. 1 vol. gr. in-4°. veau avec fig. imprimées en couleur.

71. — *Les Métamorphoses d'Ovide en latin & en français,* figures de B. Picart. Amsterdam, 1732. 1 vol. in-fol., veau.

72. — Sous ce numéro seront vendus un grand nombre de livres de littérature, dont les *Mémoires* du duc de Saint-Simon, les Œuvres de Shakespeare, de Corneille, de Molière, de Plutarque, de Racine, de Regnard, de

Buffon, de Walter-Scott, de Bitaubé; la *Vie des peintres* de Vasari, traduites par Leclanché; le *Dictionnaire de la conversation* en 16 vol. & quantité d'autres ouvrages.

(Tous ces ouvrages sont en grande partie reliés en veau & demi-maroquin.)

PARIS. — J. CLAYE, IMPRIMEUR, 7, RUE SAINT-BENOIT. — [453]